3
n
924
A

GÉNÉALOGIE

DE

La Famille

COMPAING, COMPAIN ET COMPIN,

de 1305 à 1865.

1865.

CHALON-SUR-SAÔNE, IMPRIMERIE MONTALAN,

Rue Fructidor.

Note de l'Éditeur.

Nous avions déjà donné une première édition de la Généalogie de la famille Compaing, Compain ou Compin, en l'année 1864.

Mais des recherches plus exactes, et couronnées d'un heureux succès, nous ont convaincus qu'elle contenait de graves erreurs.

Cette première édition doit donc être considérée comme nulle et non avenue, et la présente être la seule à laquelle on puisse avoir confiance.

Chalon-sur-Saône, le 25 Mars 1865.

Avant-Propos.

L'aristocratie a trois âges successifs : l'âge des supériorités, l'âge des priviléges, l'âge des vanités. Sortie du premier, elle dégénère dans le second et s'éteint dans le dernier.

CHATEAUBRIAND.

Cette pensée de l'auteur du Génie du Christianisme et des mémoires d'outre-tombe, nous a paru si vraie et si d'accord avec nos propres idées sur la grande institution de la noblesse, que nous n'hésitons point à la placer en tête de cette généalogie.

Puisse-t-elle faire comprendre à ceux qu'elle intéresse, qu'il ne faut jamais s'attribuer le mérite de ses ancêtres et ne s'en souvenir, que pour leur rendre hommage, les imiter et être digne d'eux.

Il ne faut pas perdre de vue, que les priviléges attachés à l'aristocratie n'existent plus dans ce siècle de progrès et d'égalité, où le mérite et les capacités occupent à juste titre le premier rang ; mais si aux hasards de la naissance, viennent se joindre ces dons précieux, c'est une bonne fortune, dont il faut être fier, tant pour soi-même que pour ses aïeux.

Un vieil adage dit : Noblesse oblige. Aujourd'hui ne peut-on pas dire aussi, famille oblige et tout homme de cœur qu'il soit noble ou non, sera toujours pénétré de cette vérité et ne se dispensera jamais de cette obligation, qui lui a été imposée en naissant.

Rechercher son origine est un besoin naturel de

VI

l'homme, et celui qui se respecte, doit tenir avant tout, à connaître ceux dont il a reçu le jour. On taxe quelquefois ce désir de vanité, c'est un tort assurément, qui ne sera jamais partagé par les âmes d'élite.

Pour nous, c'est le seul motif qui nous a guidés dans cette circonstance, et nous avons lieu de nous en applaudir, car nos ancêtres savaient allier le courage au mérite, et ont obtenu les plus honorables récompenses pour services rendus au Roi et à la France.

La famille Compaing, Compain ou Compin est fort ancienne, elle remonte à l'année 1305 et a une belle page dans l'histoire de l'Orléanais, où elle occupa jadis un rang fort distingué.

Guillaume Compain, l'un de ses membres, rendit des services signalés au siège d'Orléans, qui attirèrent l'attention toute particulière du Roi Charles VII, puis qu'il jugea convenable de lui conférer des lettres de noblesse, ainsi qu'à sa race de l'un et l'autre sexe.

Ce privilège exceptionnel lui fut accordé ainsi qu'aux parents collatéraux de Jeanne d'Arc, et à la même époque. Il est vrai que cette disposition fut abrogée, en ce qui concernait les enfants du sexe féminin, par les déclarations du Roi Louis XIII en 1635 et 1639; mais l'intention première de Charles VII n'en subsista pas moins pendant plus de deux siècles, et, si elle a été modifiée, ne doit-on pas l'attribuer, peut-être, aux trop nombreuses prétentions qu'elle devait entraîner, surtout après l'extinction de la branche aînée.

Les armes de la famille Compain, placées jadis sur l'une des portes de l'Hôtel-Dieu d'Orléans, témoignaient de sa bienfaisance; mais cet édifice ayant été détruit pendant la révolution, le musée de cette ville les a recueillies et leur a donné une généreuse hospitalité.

L'église des Jacobins, réédifiée en 1575 par Jacques Alléaume, seigneur de Bélizard et de Sainville, et Madeleine Compain, sa femme, est une preuve remarquable de la foi et de la piété de cette famille.

Pendant plus de deux siècles, elle a été dans la prospérité, a joui de la faveur et peut-être aussi de la reconnaissance des rois de France; mais les guerres de religion et les troubles qui en ont été la suite, vers la dernière partie du XVI siècle, l'ont séparée et en quelque sorte ruinée.

Cependant l'une de ses branches, celle de Gabriel Compain et de Marie Dubois, se soutint longtemps encore par la faveur royale, car de 1595 à 1675 elle occupa des fonctions importantes et en 1727 un de ses descendants, Antoine Compain, était baron de Lurcy Dombes sur les bords de la Saône.

Les branches du Berry et de l'Aunis, ont existé très-honorablement dans ces deux provinces, depuis Guillaume Compain marié à Marie Roland en 1484, jusqu'à Esme de Compain vivant encore en 1703 et jusqu'à Louis de Compain qu'on retrouve dans l'année 1701.

Néanmoins, il en est une autre, qui s'est soutenue

plus longtemps, puis qu'elle existe encore. Elle aurait
sans doute pu user d'un droit acquis par sa naissance,
et revendiquer les titres et priviléges qui lui appar-
tiennent depuis l'extinction des enfants mâles de la
branche aînée ; mais elle ne le fit pas et préféra
rester dans l'obscurité et dans l'oubli.

Cette branche est celle de Pierre Compain, fils
d'Antoine Compain et de Louise Guérin, vivant encore
à Loches en 1610. Ce dernier qui prenait le titre
d'écuyer seigneur Duplessis Huret, était fils de Jean
Compain réfugié à Loches en 1562, après la prise
d'Orléans par le prince de Condé.

Or, ce Jean Compain étant fils de Pierre Compain,
avocat à Paris, qui était lui-même fils de Guillaume
Compain anobli et de Perrette de Bourges sa seconde
femme, transmettait naturellement son droit d'aînesse
à ses descendants, après la disparition des enfants mâles
du premier mariage.

Ainsi, Antoine Compain, fils aîné de Jean Compain,
devait, par la même raison, transmettre également ce
droit à son fils, Pierre Compain, que nous retrouvons à
Valency, commune de Grury, ancienne Bourgogne,
marié à Jeanne Gain, dont il eut cinq enfants.

Par un de ces hasards, qu'il est cependant facile de
s'expliquer, leur fils aîné fut inscrit aux registres de la
paroisse de Grury, sous le nom de *Jean Compin*, à la date
du 16 octobre 1608; tandis que les quatre autres y
figurent sous celui de *Compain*. Cette faute d'orthographe

n'ayant point été rectifiée, devint sans doute la cause qui força les descendants de *Jean Compin* à continuer cette erreur, et contribua à modifier ainsi leur nom primitif.

Nous ne connaissons point les motifs qui déterminè-rent Pierre Compain à s'éloigner de sa famille et de son pays; mais il est probable qu'il avait éprouvé des revers de fortune et de grands malheurs, ainsi que la tradition s'en est toujours perpétuée dans sa nouvelle famille.

Quoiqu'il en soit, il parut peu se soucier de l'honneur, des droits et priviléges que lui auraient transmis ses auteurs, car ni lui, ni ses descendants ne firent jamais aucune démarche pour les revendiquer.

Aussi, Pierre Compain se borna-t-il à transmettre à ses héritiers les armes de ses aïeux et les sentiments d'honneur qu'ils lui avaient légués.

En 1781 et 1787, Jean-Marie Compin, avocat au Parlement, l'un de ses petits-fils, chercha à soulever le voile qui lui cachait l'origine de sa famille, mais ne pouvant se procurer que des renseignements vagues et incertains, il abandonna ce projet et se contenta de donner la généalogie de ses ancêtres, depuis Jean *Compin* fils de Pierre *Compain* et de Jeanne Gain.

Ce premier indice nous engagea à faire quelques recherches et nous fit découvrir un ouvrage manuscrit de philosophie, logique et physique, écrit en 1665 de la main de Jean Compin, avocat au Parlement, petit-fils de Pierre Compain et de Jeanne Gain.

Sur plusieurs pages de ce manuscrit, formant deux forts volumes, et notamment près de la signature de l'auteur, se trouvait apposé l'empreinte d'un cachet armorié représentant à l'écusson *un massacre de cerf, surmonté d'une fleur de lys, ayant pour support deux léopards et pour cimier un casque avec lambrequins.*

Cette découverte nous engagea à consulter Jean-Pierre Compin, ancien officier, alors âgé de 80 ans et ayant conservé dans cet âge avancé, toutes ses facultés et ses souvenirs.

Il se rappela avoir vu le cachet de la famille dont l'empreinte existait encore. Il appartenait à son frère aîné Philippe Compin, qui l'avait sans doute perdu ou égaré pendant la révolution. Il se souvint aussi d'avoir entendu dire aux plus anciens de la famille, qu'ils sortaient de l'Orléanais et que leurs pères avaient éprouvé de grands malheurs, causés par les guerres de religion.

Nous ne trouvâmes pas le cachet devenu invisible; mais plus tard, nous apprîmes qu'il avait été vendu à un M. de Juigné, de Dijon, qui devait y trouver un souvenir de famille, s'il descend des Leclerc, seigneurs de Juigné, dont l'un des membres épousa Marie Compain, fille de Nicolas Compain, vers le milieu du XVIe siècle.

Enfin, voulant à tout prix nous renseigner, nous écrivîmes au collége héraldique, en lui envoyant un dessin exact des armoiries trouvées dans le manuscrit de Jean Compin. Il nous fut répondu que le dessin représentait les armes de la famille Compaing ou Compain de l'Orléanais, dont l'un des membres, Guillaume Compain, avait été anobli en 1429 par le roi Charles VII.

Ayant vérifié plus tard cette assertion, nous l'avons trouvée fort exacte et la bibliothèque impériale nous a communiqué une généalogie assez complète de cette famille, et des notes précieuses, trouvées dans divers auteurs, nous ont permis de la rétablir dans son entier.

Toutes ces recherches nous ont convaincus, non-seulement de l'ancienneté de la famille Compain, mais aussi de l'existence de sa noblesse avant 1429. En effet, Henry Compain, père de Guillaume, était déjà seigneur de Barberonville, Jean Compain, son frère, seigneur de Landreville et Villeviell, dans sa note n° 2, nous donne Jean Compain, écuyer, seigneur de Frasnay et Montigny, en Nivernais, en l'année 1412.

Leurs armes à cette époque devaient porter d'azur à un mufle de lion arraché d'or, soutenu par un massacre de cerf du même ; mais lorsque Guillaume Compain fut anobli par le roi Charles VII, ils y ajoutèrent une fleur de lys en chef, afin de témoigner de la concession royale.

Dans un travail comme celui-ci, les dates sont importantes ; mais elles manquent souvent ; aussi, avons-nous cherché à les coordonner entre les diverses branches, afin de prouver leur affinité et le tableau ci-contre doit remplir notre but ; car chaque ligne indique les noms correspondants entre les divers membres de chaque branche descendant en ligne directe de Guillaume Compain, anobli

Postérité de Guillaume COMPAIN, anobli par le roi Charles VII, 1429.

. — Mariage avec Catherine Boilesve.

1° Jean Compain, seigneur de Villette, député
x États de Tours en 1484;

2° Jean Compain, seigneur de Villette et
ndreville, marié en 1522;

3° Nicolas Compain, seigneur de Villette et
isnay, conseiller du Roi en 1544, honoraire
1566, chancelier de Navarre en 1572, et
cédé sans postérité mâle en 1574.

STÉRITÉ D'ANTOINE COMPAIN, ÉCUYER, SEIGNEUR DUPLESSIS-HURET ET DE LOUISE GUÉRIN.

1° Pierre Compain marié à Grury à Jeanne
ain, dont il eut 4 fils et une fille;

2° Jean Compin l'ainé, naquit le 17 novem-
e 1608, il épousa Madeleine Gillet en 1638,
ii lui donna Pierrette, Claude devenu curé
Uxeau, Jean devenu l'ainé et Jacques marié
Mlle de Faubert. Jean, leur père, vivait encore
1684;

3° Jean Compin, né le 30 mars 1646, épouse
22 novembre 1678 Jeanne Barbier, dont il
it beaucoup d'enfants.

Ce fut Philippe Compin, son fils ainé, qui
ontinua sa postérité, après avoir épousé
arguerite Ducloux.

2ment. — Mariage avec Perrette de Bourges.

1° Pierre Compain, avocat à Paris, marié à
. . ., nom inconnu;

2° Jean Compain, fils de Pierre, qui se
réfugia à Loches en 1562;

3° Antoine Compain vivant encore à Loches
en 1610. — Gabriel Compain, qui fut resté à
Lyon. — Claude marié en 1573. — Martin
vivant encore à Loches en 1610.

POSTÉRITÉ DE GABRIEL COMPAIN, QUI ÉPOUSA A LYON MARIE DUBOIS.

1° Louis de Compain marié à Claude-Françoise Chauvelin en 1595, il en eut 3 fils, il
était conseiller et secrétaire du roi en 1603;

2° Louis de Compain, conseiller du roi en
1635, mort en 1662. — Louis Compain de
l'Étang, conseiller en 1670, mort sans alliance
en 1672.

Antoine Compain, marié avec Mlle de Chamillard, maître des requêtes en 1661, mort
en 1675.

On trouve aux archives de Dijon Antoine
Compain baron de Lurcy, qui fit acte de foi et
hommages en 1727; il avait une fille Anne-
Barbe Compain.

Était-il le fils de Gaspard Compain, avocat à
Lyon, qui fit porter ses armes à l'armorial de
France en 1700?

2ème. — Mariage avec Marie Rolland.

1° Guillaume Compain, 2e fils, marié à Marie
Rolland en 1484;

2° Jacques Compain fut resté en Berry en
1525 avec sa mère, et se maria en 1535;

3° François Compain, seigneur de Chézelle
et Lazenet, qui épousa en 1res noces Mlle Lechat
en l'année 1559, il en eut 2 fils, et en 1584 il
épousa encore Mlle de Bardelet dont il n'eut pas
d'enfants.

POSTÉRITÉ DE FRANÇOIS COMPAIN, SEIGNEUR DE CHÉZELLE ET LAZENET ET DE Mlle LECHAT.

1° Gabriel Compain, seigneur de Chézelle,
marié à Anne Bolzetel, fit acte de foi et hommage en 1609 et 1618;

2° Jean de Compain, seigneur de Chézelle,
épousa le 16 février 1634 Mlle Aymée de Faron,
dont il n'eut qu'un fils unique, Esme de
Compain;

3° Esme de Compain, seigneur Desprès,
épousa en 1678 Nicole Faustier. Il justifia
de ses titres de noblesse le 5 janvier 1703,
et il y fut fait droit le 20 du même mois et de
la même année.

Ses descendants sont inconnus.

Nous n'avons rien négligé pour compléter cette œuvre de patience et nous sommes certains que bien des familles ne seraient point à même de fournir une généalogie aussi ancienne et aussi exacte.

Un seul fait nous reste à signaler, celui concernant les diverses émigrations, qui ont eu lieu dans cette famille, comme dans beaucoup d'autres. Elles doivent s'expliquer naturellement, par le grand nombre d'enfants, et par les temps de troubles et de quasi-barbarie où ils vivaient.

La première de ces émigrations date, selon nous, du XIVe siècle, ce qui le prouve, c'est que Raoul Compaing eut trois fils et que la généalogie de l'Orléanais n'a jamais fait mention que de Jean Compaing l'aîné.

Cette circonstance, n'explique-t-elle pas la présence en Nivernais en 1412, de Jean Compain seigneur de Frasnay et Montigny, et d'un autre Jean Compain, procureur de M. de Beauvois à Avallon en 1446.

Ceci prouvé, n'est-il pas naturel de penser, que l'un où l'autre des fils cadets de Raoul Compaing, soit venu se fixer dans cette contrée où il a dû laisser des descendants.

Nous n'avons pu nous procurer des renseignements exacts sur ces branches fixées en Nivernais, et Avallon, elles ont manqué d'historien ; mais nous croyons pouvoir affirmer qu'elles sont la souche de la famille Compain; qui existe encore en Bourgogne.

Plus tard en 1525 une branche descendant de Guillaume Compain et de Perrette de Bourges, prit racine en Berry. Jean Compain quitta Orleans pour Loches en 1562, son fils Gabriel fut demeurer à Lyon et l'un de ses petits fils Pierre Compain, vint se fixer à Valeney, paroisse de Grury, ancienne Bourgogne.

Cette dernière branche ne fut pas à l'abri de ces émigrations. Vers 1780, une partie des descendants de Pierre Compain quitta la paroisse de Grury et des environs, pour le Bourbonnais, et depuis cette époque il n'en a été plus question.

Aujourd'hui les descendants seuls de Jean Compin, l'aîné de cette branche, habitent encore cette contrée où Pierre Compain leur grand ancêtre était venu chercher un refuge vers 1600.

Enfin que reste-t-il de cette grande et nombreuse famille, qui prit racine dans l'Orléanais en 1305 ?

Bien des renseignements nous ont manqués pour la suivre dans son entier ; mais n'est-ce pas assez d'avoir pu la recomposer en partie et de la voir revivre dans deux branches, qui se sont soutenues honorablement.

Ces deux branches sont :

1° Celle qui descend de Guillaume Compain et de Perrette de Bourges, sa seconde femme, et dont Pierre Compain, leur arrière petit-fils, fut l'auteur.

Elle commence à *Jean Compin*, son fils, né en 1608, et s'est continuée sans interruption jusqu'à 1865.

2° Celle de Jean Compain, procureur de M. de Beauvois, vicomte d'Avallon et de Marie de Savoisy, sa femme, qui depuis 1446 s'est étendue dans une autre partie de la Bourgogne, où elle est représentée encore à Nolay et à Chalon-sur-Saône par le vénérable curé de St-Pierre.

GÉNÉALOGIE

DE

LA FAMILLE COMPAING, COMPAIN OU COMPIN.

———◦◦◦◦◦◦———

Ses armes portent d'azur à un massacre de cerf d'or, surmonté d'un mufle de lion et d'une fleur de lys du même.

Cette dernière y fut sans doute ajoutée lors de l'anoblissement de Guillaume Compain par le roi Charles VII, comme témoignage de cette concession royale.

Suivant Lachesnay des bois, André de la Roque et Blanchard, la branche aînée avait supprimé le mufle de lion.

Le plus ancien du nom et celui qui parait être le chef de cette famille, est Raoul Compaing, bourgeois d'Orléans. Il fit hommage du fief qu'il tenait de Guillaume de Patay au comté de Blois, en l'année 1305.

Le nom de sa femme est resté inconnu; mais il eut pour fils : Jean, Pierre et Henry Compaing.

Le premier figure dans la généalogie de l'Orléanais déposée à la bibliothèque impériale; mais il n'y est point fait mention des deux autres.

Jean Compaing est nommé dans plusieurs titres des années 1346, 1359 et 1368. On ne sait quelle alliance il contracta; mais il est probable que sa femme portait le nom de Méline, suivant un acte cité par Villeviell. (*Voir la note 1*).

Voici sa postérité :

1° Jean Compaing, l'aîné ; 2° Pierre Compaing ; 3° Jean Compaing, le jeune, qui suivra ; 4° Henriette Compaing, mariée à Guillaume de Lanoüe ; 5° Agnès Compaing, mariée à Etienne de St-Mesmin, chambellan de Monseigneur le duc d'Orléans en 1386.

Jean Compaing, l'aîné, eut un fils, Pierre Compaing dit Périnet, qui épousa Jeannette Compaing, sa cousine, dont il eut deux fils, Jean et Pierre Compaing, l'un et l'autre chanoines de St-Aignan.

Pierre Compaing n'eut qu'une fille mariée à Aignan Levassor.

Jean Compaing, le jeune, devenu par la suite l'aîné, forma la seconde branche.

DEUXIÈME BRANCHE.

Jean Compaing, le jeune, épousa en 1370 Catherine de Villeneuve ou de Villebrène, et devint prévôt de la ville d'Orléans en 1386.

Voici sa postérité :

1° Henry Compaing, qui suivra ;

2° Jean Compaing, seigneur de Villebrène, épousa Blanchette ou Jeannette N..., dont il eut deux filles ;

3° Blanchette Compaing, mariée à Pierre d'Ancau ;

4° Jeannette Compaing, mariée à son cousin Pierre Compaing.

Henry Compaing, seigneur de Barberonville en Pitunais et Boissay, épousa Agnès de Bey, fille ou sœur d'Alain de Bey, prévôt d'Orléans en 1396 ; il mourut en 1419, suivant un titre de l'église de St-Aignan.

Voici sa descendance :

1° Jean Compaing, seigneur de Landreville, suivant titres confirmés en 1460 et 1467. Le nom de sa femme n'est point connu ; mais il laissa un fils, Pierre Compain, qui fût *grènnelier* pour le roi à Tours. Lui, ou ses descendants, furent encore confirmés dans leurs titres de seigneur de Landreville, en 1505 et 1513, et depuis cette époque il n'est plus question de cette branche, sans doute éteinte en 1522, car Jean Compain, seigneur de Villette, prenait alors le titre de Seigneur de Villette et Landreville;

2° Guillaume Compain, qui suivra (*);

3° Jacques Compain, qui suivra également;

4° Jean Compain, mort jeune sans postérité;

5° Marie Compain, mariée à Raoul Buffetier;

6° Jeannette Compain, mariée à Jean Lescot;

7° Isabelle Compain;

8° Jacqueline Compain.

Guillaume Compain, écuyer, prit le titre de seigneur de Barberonville en 1419, époque de la mort de son père, et reçut en février 1429 des lettres d'anoblissement, pour lui et sa race de l'un et l'autre sexe, du roi Charles VII.

Voici un extrait de ces lettres patentes délivrées à *Jargeau :*

« Volentes autem propter hoc favorum prærogativis pro
» sæqui quæ sibi posteritati, quæ suæ perpetuò cedere valeant
» ad honoris. Incitamentum ipsumque Guillermum Compain,
» ac omnem ipsius posteritatem et prolem utrius que sexus,
» in de matrimonio et matrimoniis legitimè, natam seu procrea-
» tam et in posterum procreandam, de plenitudiné Regiæ potes-
» tatis de gratia speciali, nobilitamus, nobilis que facimus, etc.

» Eisdem præterea concedentes ut tam ipse quam ejus præ-
» dicta posteritas integræ nobilitatis privilegio, juribus, privile-
» giis, franchisiis et libertatibus in actibus. Judiciariis seculari-
» bus et cæteris quibuscumque liberè in anteà perfruantur et ab
» omnibus, tanquam nobilitis re et nomine ubilibet habeantur. »

Ces lettres patentes étaient d'autant plus honorables, qu'elles avaient été données à Guillaume Compain pour services rendus à la couronne et à la France à l'époque du siége d'Orléans par les Anglais.

(*) Nous avons supprimé la dernière lettre du nom, à partir de Guillaume Compain, pour nous conformer à l'orthographe des lettres patentes, qui lui furent délivrées par le Roi.

Elles contiennent aussi les mêmes priviléges que ceux octroyés aux collatéraux de la Pucelle d'Orléans. (*Voir la note* 14.)

Guillaume Compain épousa en premières noces Catherine Boilesve, dame de Cornay, de Crotte, de Passeville et de Villette, fille unique de Gérard Boilesve, avocat général de Monseigneur le duc d'Orléans, et de Jacqueline de Chilly, sa femme.

Voici sa postérité du premier mariage :

1° Gérard Compain, écuyer, seigneur de Cornay, de Ludes, de Crotte et Passeville, conseiller du roi en sa cour du Parlement dès le 10 mai 1454, Conseiller au Grand Conseil le 14 septembre 1485, et maître des requêtes de l'Hôtel du Roi en 1487; il mourut en 1492.

Il avait épousé Marie Leprêtre, fille de Jean Leprêtre, seigneur de Liffermeau, Chancelier de Monseigneur le duc d'Orléans et de Marguerite de Sancerre, sa femme.

Il eut de ce mariage une fille unique, Anne Compain, dame de Cornay et de Passeville, qui épousa Pierre Briçonnet, chevalier, seigneur de Garenne, de Panne et de Chersonville. Après avoir été Maire de la ville d'Orléans, il fut nommé en 1497, général des finances, et en 1500, Gouverneur du Languedoc. Son frère, Guillaume Briçonnet, fut *cardinal, sacra* le roi Louis XII en 1498, et devint son ministre en 1514 ;

2° Guillaume Compain, chanoine des églises de Ste-Croix et de St-Aignan, fut conseiller au Parlement en 1475, et doyen de Ste-Croix en 1478 ;

3° Jean Compain, seigneur de Villette, qui continua la postérité de cette branche aînée.

En deuxième noces, Guillaume Compain avait épousé Perrette de Bourges.

Voici sa postérité de ce second mariage :

1° Jacques Compain, qui ne laissa pas de postérité, avait été licencié ès-lois à Orléans.

2° Pierre Compain, qui suivra ;

3° Guillaume Compain, qui suivra également;

4° Marie Compain, mariée en premières noces à Hugues Levoix, receveur des finances à Orléans, et en deuxième noces à Jacques de Leuves, écuyer;

5° Claude Compain, mariée à Jean Hillaire, bourgeois d'Orléans.

Nous allons suivre d'abord la branche aînée et ensuite nous reprendrons la cadette.

BRANCHE AÎNÉE DE GUILLAUME COMPAIN, ANOBLI.

Jean Compain, seigneur de Villette, fut député d'Orléans aux États de Tours en 1484, et avait épousé Jeanne Leprêtre, seconde fille de Jean Leprêtre, seigneur de Liffermeau, et de Marguerite de Sancerre, sa femme.

Voici ses descendants :

1° Gérard Compain, seigneur de Villette, mort sans postérité en 1521 ;

2° Jean Compain, seigneur de Fresnay, qui suivra ;

3° Guillaume Compain, prieur de St-Laurent-des-Orgories, doyen de Ste-Croix en 1483, conseiller au Parlement en 1496; il vivait encore en 1521 ;

4° Radegonde Compain, mariée à Nicolas Aubelin, seigneur de Favelle ;

5° Madeleine Compain, mariée à *Lhuilier, seigneur de Lamotte*, procureur du Roi en 1496, dont sont issus Lhuilier, chanoine de Ste-Croix, et Guillemette, mariée à Pélorde, seigneur de Cologne ;

6° Anne Compain, qui épousa Geoffroy Travers ;

7° Et Marie Compain, mariée à Jean Philippe, seigneur de Sénon.

Jean Compain, seigneur de Fresnay, Villette et Landreville, épousa en 1522 Marie Brachet, fille de Jean-François Brachet, seigneur de Marigny et de Françoise Rusé, sa femme. Ces derniers partagèrent leurs biens entre leurs enfants en 1538.

Voici les descendants de Jean Compain et Marie Brachet :

1° Nicolas Compain, qui va suivre ci-après ;

2º Guillaume Compain, seigneur de Laudreville, marié à Marie Déscaréol, dont il eut une fille unique, vivant encore en 1597 ;

3º Marguerite Compain, mariée à Jean Sachet, seigneur de Villebeaujon, dont il est sorti une illustre famille ;

4º Anne Compain, qui épousa Jean Turpin, seigneur de Vaucedon ;

5º Marguerite Compain, mariée à François Durand, seigneur de Bignon.

Nicolas Compain, seigneur de Fresnay et Villette, fut nommé conseiller au grand conseil le 18 juin 1544, honoraire le 7 mai 1566, et chancelier de Navarre le 15 novembre 1572.

Il mourut en 1574, suivant Lachesnay des Bois, ou en 1588, suivant la généalogie. (*Voir la note 4*).

Il avait épousé Anne Courtin, fille de Louis Courtin, seigneur de Grange-Rouge et de Guillemette de St-Mesmin, sa femme.

Il eut de ce mariage :

1º Guillaume Compain, décédé sans postérité ;

2º Catherine Compain, mariée à Jacques Viard, conseiller au grand conseil, et seigneur de Villette et Vollay. Ils eurent deux filles, dont l'une épousa Viantès, capitaine des gardes, et l'autre Bernard de Montesquiou, seigneur de Colombe ;

3º Marie Compain, qui épousa René Le Clerc, seigneur de Juigné, dont elle eut des enfants.

Nicolas Compain et son fils Guillaume furent les derniers descendants de Guillaume Compain et de Catherine Boilesve, mais avant de suivre la généalogie de la branche cadette par le second mariage de Guillaume Compain avec Perrette de Bourges, nous allons reprendre celle de Jacques Compain, troisième fils de Henry Compain, seigneur de Barberonville et d'Agnès de Bey. Ce sera, d'ailleurs, nous conformer à l'ordre établi dans l'ancienne généalogie de l'Orléanais.

TROISIÈME BRANCHE.

Jacques Compain, troisième fils de Henry et d'Agnès de Bey,

fut nommé procureur de la ville d'Orléans le 16 juillet 1429, et épousa Marie de Marcau, dont le père, Pierre de Marcau, fut anobli en 1430.

Voici sa postérité :

Pierre Compain, Compain, Compain, sans autre désignation.

Pierre Compain fut écuyer du roi et épousa Marie Lhuilier, fille de *Jean Lhuilier, seigneur de La Motte*, et d'Étiennette Cousin, dont il eut :

1° Pierre Compain, avocat, marié à . . . . , dont un fils, Charles Compain, chanoine de St-Aignan ;

2° Jean Compain, qui suivra ;

3° Gérard Compain, marié à . . . . , il eut une fille qui épousa Michel d'Avon, seigneur de Villerouche ;

4° Anne Compain, mariée à Charles de l'Aunay-Maugny ;

5° Madeleine Compain qui se maria à Jacques Bordet, régent ès-lois en l'Université d'Orléans, et ensuite président du Parlement de Rouen ;

6° Marie Compain, mariée à Guillaume Mariette, dont la fille épousa Jean Beaudet, leur fils devint l'auteur de plusieurs familles nobles d'Orléans : les Choppins, les Pochoses de Beauregard, les Labordes, les Goury, Villiers et autres.

Jean Compain, qui précède, était homme d'armes du roi à l'âge de 22 ans, c'était en 1488. Il épousa Guillemette de la Saussaye, fille de Philippe et de *Jeanne Barbier*.

Voici sa descendance :

1° Madeleine Compain, qui épousa Jacques Alleaume, seigneur de Bélizard et de Sainville. Ils firent rebâtir l'église des Jacobins à Orléans, et y placèrent leurs armes en l'année 1575 ;

2° Marie Compain, mariée à Claude Loynes, seigneur de la Royauté.

C'est ici que se termine cette branche et la première partie de la généalogie de la famille Compain. La seconde se trouve sur des feuilles détachées, et reprend aux descendants du second mariage de Guillaume Compain, anobli, et de Perrette de

Bourges, devenus les représentants de la branche aînée depuis l'extinction de cette dernière. (*Voir la note* 17).

Nous en donnons la copie exacte. *Note* 12 *de la Généalogie*.

1º Jacques Compain, licencié ès-lois, ne laissa pas de postérité;

2º Pierre Compain, avocat, habitué à Paris, le nom de sa femme reste inconnu; mais il eut un fils, Jean Compain, dont nous suivrons la postérité plus tard;

3º Guillaume Compain, marié à Marie Rolland en 1484, dont il eut un fils, Jacques Compain, qui fut habiter avec sa mère le Berry en 1525. Nous suivrons également sa postérité.

Jean Compain, fils de Pierre Compain, avocat, épousa Marie Brachet, dont il eut quatre fils. (*Voir la note* 18).

1º Antoine Compain;

2º Gabriel Compain;

3º Claude Compain;

4º Martin Compain.

Jean Compain fut forcé de se retirer à Loches en 1562, lors de la prise d'Orléans par le prince de Condé, pour éviter la persécution dirigée par les protestants contre les catholiques.

Comme cette branche existe encore, nous la reprendrons plus tard après avoir épuisé celle de Guillaume Compain, marié à Marie Rolland, en 1484.

BRANCHE DE GUILLAUME COMPAIN ET DE MARIE ROLLAND.

Jacques Compain étant venu habiter le Berry avec sa mère, y épousa en 1535 Mlle d'Estrés et prit le titre de seigneur de Mifou, Chézelle et Lazenet.

Il eut de ce mariage:

François Compain, seigneur de Chézelle, marié en 1res noces à Mlle Lechat, en 1559, dont il eut deux fils:

1º Gabriel Compain;

2º Charles Compain.

De son second mariage avec Renée de Bardelet, qui eut lieu en 1584, il n'eut pas d'enfants.

Gabriel Compain, seigneur de Chézelle, épousa Anne Botzetel, fit acte de foi et hommage le 10 juin 1609 et le 18 octobre 1618. Il eut de ce mariage un fils.

Jean de Compain, qui épousa le 16 février 1634 Aymée de Faron, dont il eut un fils.

Esme de Compain, seigneur Després, marié à Nicole Faustier en 1678, et justifia de ses titres de noblesse depuis Guillaume Compain marié à Marie Rolland, suivant acte du 2 avril 1484. Cette justification se fit le 5 janvier 1703 et fut approuvée le 20 du même mois et de la même année. (*Voir la note* 7).

Charles de Compain, seigneur de Lazenet, second fils de François, avait épousé Françoise Ragoteau, de la province d'Aunis, où il fut résider.

Il eut de ce mariage deux fils :

1° Michel Compain, écuyer, seigneur de la Chevalerie, marié à Hélène Guibour, dont il eut Jacques Compain, mort sans postérité;

2° Louis de Compain, écuyer, seigneur de la Chanée, qui épousa Anne Daniaud, dont il eut 3 filles.

Ce dernier avait fait des démarches pour se faire porter à l'armorial de France, pour la Rochelle, le brevet qui lui a été délivré le 10 juin 1701, est déposé à la bibliothèque, au dossier de la famille. (*Voir la note* 11).

BRANCHE DE PIERRE COMPAIN, AVOCAT A PARIS,

Représentée par Jean Compain, qui se retira à Loches en 1562.

Voici la postérité de ce dernier :

1° Antoine Compain, seigneur Duplessis-Huret, vint habiter Loches avec son père et y vivait encore en 1610.

Il avait épousé Louise Guérin, dont il eut trois fils :

1° Claude Compain, mort jeune;

2° Thibault Compain, mort sans postérité à Loches en 1600 ;

3° *Pierre Compain qui suivra.*

2° Gabriel Compain, qui fut demeurer à Lyon, où il épousa trois femmes : 1° Marie Léger, dont il eut Marie Compain, mariée à Philippe Guerdon, secrétaire du roi ;

2° Marie Goubert, qui lui donna Marie Compain, mariée à Bouley, trésorier des finances, à Tours ;

3° M. Dubois, dont il eut encore trois enfants :

1° *Louis Compain qui suivra.*

2° Gabriel Compain, mariée à Charlotte Rose, et vint habiter Tours où il laissa un fils, nommé aussi Gabriel, qui vivait encore en 1664. (*Voir la note* 8).

3° Anne Compain, mariée à Jean Rebour, receveur des comptes.

3° Claude Compain, qui épousa en 1573 Claude Voisin, dont il eut une fille, mariée à M. de Gyvès, conseiller au présidial d'Orléans.

4° Martin Compain demeurait encore à Loches en 1640. Le nom de sa femme est inconnu; mais il eut un fils, Antoine Compain, qui eut lui-même deux fils et trois filles :

René Compain, chanoine à Loches, et Antoine Compain, greffier en chef du bureau des finances à Tours, en 1664.

Les trois filles se nommaient *Louise, Jeanne* et *Madeleine;* la première avait épousé Guy de Chamillard, et leur fille épousa Antoine Compain en 1662.

Nous n'avons plus trouvé de renseignements sur cette branche.

D'après ce qui précède, il est facile de se rendre compte de l'origine de cette famille, et suivre ses diverses branches, dont la plupart n'existe plus; mais on reconnaîtra aussi, que celle d'*Antoine* et de *Gabriel Compain*, descendants l'un et l'autre de Guillaume Compain, anobli, et de Perrette de Bourges, a laissé deux rejetons représentés par *Pierre Compain*, fils d'Antoine et de Louise Guérin, et *Louis Compain*, fils de Gabriel et de Marie Dubois.

Comme ils étaient enfants des deux frères et devaient vivre à peu près à la même époque, nous avons jugé convenable d'inscrire leur descendance en regard l'une de l'autre, pour mieux en faire comprendre la concordance. Nous observons encore, que Pierre Compain et Louis Compain n'habitaient plus l'Orléanais, puisque le premier était venu se réfugier, à Grury, ancienne Bourgogne, et le second habitait Paris, où il occupait une brillante position près du roi Henri IV.

Ceci expliqué, nous reprenons la suite de cette généalogie pour *Pierre* et *Louis* Compain.

BRANCHE DE PIERRE COMPAIN, FILS D'ANTOINE COMPAIN, ÉCUYER, SEIGNEUR DUPLESSIS-HURET ET DE LOUISE GUÉRIN, VIVANT ENCORE A LOCHES EN 1610.

Pierre Compain vint se fixer à Grury vers 1600, où il acheta la propriété de Valency, et épousa Jeanne Gain, qui lui apporta en dot la terre de Chizeuil. Voici sa postérité :

1º Jehan, fils de *Pierre Compin* et de Jeanne Gain, baptisé le 17 octobre 1608;

2º Guy, fils de *Pierre Compain* et de Jeanne Gain, né le 15 mai 1610;

3º Claude, fils de *Pierre Compain* et de Jeanne Gain, né le 17 octobre 1615;

4º Pierrette Compain, née le 10 décembre 1620;

5º *Etienne Compain*, né le 9 avril 1622.

Pierre Compain mourut vers 1642.

BRANCHE DE LOUIS DE COMPAIN, FILS DE GABRIEL COMPAIN ET DE M. DUBOIS, QUI ONT VÉCU A LYON.

Louis de Compain était conseiller et secrétaire des finances du roi en 1603. Il avait épousé en 1595 Claude-Françoise Chauvelin, fille de Toussaint Chauvelin et de Marie Malingre. Voici sa postérité :

1º Louis de Compain, la date de sa naissance n'est point connue;

2º Louis Compain de l'Étang, pas de date de sa naissance;

3º Antoine Compain, sans date de naissance.

Nous n'avons pu connaître l'époque du décès de Louis de Compain.

Louis de Compain, l'aîné,

Jean Compin, fils de Pierre *Compain* et de Jeanne Gain, né le 17 novembre 1608, épousa en 1638 Madeleine Gillet, fille d'un notaire royal de la nocle Nièvre, dont il eut :

1° Pierrette Compin, mariée à Pierre Blondat ;

2° Pierre Compin qui fut curé et archiprêtre d'Uxeau;

3° Jean Compin qui suivra;

4° Jacques Compin, mariée à Mlle de Faubert, dont la postérité existe encore dans Louis Compain.

Jean Compin et sa postérité n'ont jamais quitté Grury et les environs; mais les descendants de ses frères ont émigré vers 1780. On ignore ce qu'ils sont devenus.

Jean Compin vivait encore en 1684, car il fit des dons à l'église de Grury à cette époque, pour droits de bans et sépulture.

seigneur de Tourtonnière, avait épousé Jeanne Goureau de la Poussetière, et fut conseiller du roi en 1635. Il mourut en 1662 ou 1668.

Louis Compain de l'Étang fut aussi conseiller du roi au parlement le 3 novembre 1670, et mourut sans postérité en 1672.

Antoine Compain épousa Mlle de Chamillard, fille de Guy de Chamillard et de *Louise Compain*, en l'année 1662. Il avait été nommé maître des requêtes au grand conseil en 1661 et mourut en 1675.

La généalogie de cette branche ne s'étend pas davantage; mais on en retrouve des fragments aux archives de Dijon, en 1727, et dans l'armorial de France en 1700. (*Voir les notes* 8, 9, 10, 16).

En examinant avec soin le tableau ci-contre, il sera facile de s'expliquer le changement d'orthographe du nom de la famille Compain, ainsi qu'elle pourrait au besoin en justifier, par les actes de naissance existant encore dans les archives de la commune de Grury.

Pour nous conformer à ces actes, nous allons continuer la généalogie de cette famille en lui donnant l'orthographe nouvelle qui lui a été imposée par l'acte de naissance de son auteur *Jean Compin*, fils de Pierre *Compain*.

Jean Compin, fils aîné de Jean et de Madeleine Gillet, naquit à Grury le 30 mars 1646, ainsi que l'indique l'extrait de son acte de naissance, transcrit de sa main en 1665, en tête de son manuscrit de philosophie, logique et physique, où il avait apposé le sceau de sa famille. (*Voir la note* 12).

Il fut avocat au parlement de Dijon, et son éloquence y fut

sans doute appréciée, puisque nous retrouvons, dans une vieille note de la famille, un éloge pompeux qui fut fait de son mérite par le procureur du roi, lorsque Jean-Marie Compin fit enregistrer ses lettres d'avocat au baillage de Bourbon, en 1766.

Il épousa le 22 novembre 1678 Jeanne Barbier, née à Bourbon-Lancy le 5 novembre 1658, de Sébastien Barbier et de Anne Rat.

Elle mourut à Grury en 1700; mais nous n'avons point retrouvé l'acte de décès de son époux.

Voici leur postérité :

1° Jean Compin, né le 26 septembre 1680, mort jeune ;

2° Antoinette Compin, née le 20 octobre 1681, morte sans postérité le 23 août 1725, chez son frère, curé à Maltat ;

3° Philippe Compin, né le 26 septembre 1683, qui suivra ;

4° Lazare Compin, né le 13 mai 1685, épousa Lazarette Coujard de la Chèze, dont il eut trois enfants :

1° Madeleine, morte jeune ; 2° Louise, mariée à Julien Lardet de Morange, dont un fils et une fille ; 3° Louis Compin, tué à la bataille de Fontenoy en 1745.

5° Claude Compin, né le 20 octobre 1686, devint curé de la paroisse de Maltat, où il a constamment vécu avec sa sœur Antoinette. Il y mourut le 9 mai 1741, et fut inhumé à la porte principale de l'église, emportant les regrets de tous ses paroissiens, qui le regardaient comme un saint homme.

Il avait été l'instituteur de ses neveux, et leur prêcha toujours l'union, la concorde et l'amour de la famille. Nous devons dire que ces principes se sont transmis de génération en génération, et sont encore en pratique dans cette famille.

6° Charles Compin, né le 13 novembre 1688, mort jeune;

7° Louis Compin, né le 15 juin 1695, épousa Anne de Chargère, qui lui donna :

1° Louis Compin, né le 14 février 1726, et mort à Cassel en 1760, des suites d'une blessure reçue dans les guerres de Hanovre ;

2° Nicolas Compin, né le 7 juillet 1727, ne contracta pas

d'alliance, et vécu longtemps chez sa tante, Mme de Chargère de Vaux, où il fut arrêté et conduit à Paris en 1793, pour y être jugé et condamné par le tribunal révolutionnaire. On l'accusait d'avoir entretenu des correspondances avec ses parents, MM. de Mazilles, alors en émigration, et d'avoir appelé son chien citoyen. Il fut décapité quelques jours avant le 9 thermidor.

Louis Compin et Anne de Chargère eurent encore deux fils nés en 1729 et 1730, ils sont morts jeunes, d'une maladie contagieuse, qui régnait en 1749.

BRANCHE DE PHILIPPE COMPIN.

Philippe Compin, né en 1683, épousa Marguerite Ducloux, qui parvint à un âge fort avancé, et dont il eut :

1° Jean Compin, né en 1708, et marié à Mlle Alexandre Perrin, de Perrigny, qui lui donna :

1° Philippe Compin, commissaire-géomètre à Bourbon en 1786, mourut sans avoir contracté d'alliance et à peu près ruiné par l'obstination qu'il mit à chercher la pierre philosophale ; il habitait sa propriété de Maringe, dont la vente suffit pour payer ses dettes ;

2° Marie Compin, qui fut sœur de la Visitation à Bourbon, est allée finir ses jours dans un couvent à Lyon, où elle s'était retirée après la tourmente révolutionnaire.

Jean Compin, leur père, mourut à Bourbon en 1776.

2° Jean-Louis Compin, qui suivra.

3° Lazare Compin, né le 24 avril 1714, épousa Mlle Garchery, de Montcenis, dont il eut :

1° François Compin, mort sans avoir contracté d'alliance ;

2° Antoine Compin, docteur-médecin à La Chapelle, épousa Mlle Guillaume, d'Autun, dont il n'eut pas d'enfants ;

3° Trois filles qui épousèrent : 1° M. Nichault, notaire au Donjon (Allier), dont la postérité existe toujours ; 2° M. Duvernois, notaire à Arleux, pas de descendants; 3° M. Liendon, médecin, qui a laissé des enfants.

La fortune d'Antoine Compin et de M. Duvernois a passé en partie à la famille Nichault.

4° Antoine Compin, né le 19 janvier 1725, épousa Pierrette de Montchanin, d'Issy-Lévêque; nous donnons ci-après leur nombreuse postérité.

1° Antoine Compin, né le 3 juillet 1757, servit dans la maison rouge du roi, à Lunéville, et épousa Mlle Simon d'Issilévêque, dont il eut une fille unique, Antoinette Compin, née en 1787.

Elle épousa son cousin, Antoine Nichault, avocat et ancien juge de paix du canton de Bourbon-Lancy.

Ils eurent un fils et une fille:

Emile Nichault, né en 1815, épousa, le 12 juin 1849, sa cousine Antoinette-Anaïs Compin, fille de Lazare Compin, chevalier de la Légion-d'Honneur, et de Marie-Françoise Diane Delosme.

Hélène Nichault épousa M. Victor Rogier, maire actuel de la commune de Beaulon (Allier), et membre du conseil d'arrondissement. Ils ont un fils unique, Joseph Rogier.

2° Bernardin; 3° Brion; 4° Dubourg Compin, qui sont morts sans avoir contracté d'alliance.

5° Jean-Baptiste Compin, marié à Françoise de Montcharmont, dont il eut *deux fils* et *une fille.*

Paul Compin, l'aîné, épousa Mlle de Finance, mourut jeune et laissa deux fils.

Gustave Compin, né le 24 juin 1830, actuellement (1865), lieutenant au 70e régiment de ligne.

Ernest Compin, né en 1831, retiré du service militaire, après avoir été dans le même régiment que son frère.

Antoine-Hippolite Compin, notaire à Lusy (Nièvre), avait épousé, le 16 janvier 1822, Mlle Imbart-Latour, de Coiron, fille de M. Imbart-Latour, maire de Fours (Nièvre), et membre du Conseil général.

Voici leur descendance :

Amédée Compin, marié à Mlle Renaume, de St-Mandé, une fille ;

Frédéric Compin, marié à sa cousine, Mlle Blochet, de St-Denis, ils ont plusieurs enfants ;

Hélène Compin, qui a épousé M. Demoray, docteur-médecin, à Gevrey (Côte-d'Or) ;

Suzanne Compin, mariée à M. Lafouge, de Toulon-sur-Arroux, dont elle a eu un fils, Charles Lafouge.

6° Antoine-Jean-Marie Compin, qui épousa Julie Perrier, dont il eut deux fils.

Victor Compin, né le 7 floréal an VI ; il fut juge de paix à Souvigny (Allier), et avait épousé Mlle Bujon, de Moulins, qui lui donna un fils unique, Ferdinand Compin, marié à Mlle Tellier, dont il eut une fille unique.

Le père et le fils sont décédés en 1862.

Tony Compin épousa Mlle Robinet, dont il eut une fille unique, il est mort jeune.

7° Marie-Jeanne Compin, qui fut mariée à Joseph Marest, avocat au Balliage de Bourbon-Lancy, dont elle a eu plusieurs filles et un fils Ignace Marest, avocat et suppléant de la justice de paix de Bourbon-Lancy.

Branche de Jean-Louis Compin, deuxième fils de Philippe, et de Marguerite Ducloux, devenu l'aîné.

Jean-Louis Compin naquit à Grury, le 23 septembre 1714, et épousa, le 3 février 1733, Mlle Françoise Febvre, fille de François Febvre et de dame *Sébastienne Lhuilier*.

A la mort de son beau-père, qui était protestant, il hérita de capitaux considérables, provenant sans doute des débris d'une grande fortune, dont il avait été dépouillé après la Révocation de l'Edit de Nantes.

Après cette succession, Jean-Louis Compin acheta des propriétés considérables et, sans sa mort, arrivée le 20 juin 1763, il eut laissé une fortune énorme, car il avait prévu l'avenir des propriétés rurales.

Etait-ce le hasard qui avait conduit M. Febvre à Grury, où avait-il voulu trouver un asile plus assuré près des parents de sa femme, dont la famille, dans des temps plus reculés, avait dû contracter des alliances avec l'ancienne famille Compain de l'Orléanais. (Voir les l'Huilier, seigneurs de la Motte, aux pages 5 et 7).

Quoiqu'il en soit, Jean-Louis Compin acheta, suivant acte reçu Me Amiet, notaire à Bourbon-Lancy, le 31 décembre 1753, la seigneurie de la Motte, située paroisse de Maltat, et en prit le titre, ainsi que le constate son acte de décès du 20 juin 1763, inscrit aux registres de l'état civil de la paroisse de Maltat.

Il eut de son mariage avec Mlle Françoise Febvre :

1o Philippe Compin, né en 1735, épousa, en 1763, Marie Abord, fille de M. le conseiller Abord, retiré à Autun.

Ils eurent dix enfants tous morts, à l'exception de Jean-Marie et d'Antoine Compin.

Jean-Marie Compin fut officier des cohortes, et avait épousé Mlle Moutcaux, dont il eut un fils et une fille.

Jean-Pierre-Paul Compin, mort jeune, et Louise-Virginie Compin, née le 13 messidor an V, et sœur de St-Joseph de Cluny, aujourd'hui (1865).

Antoine Compin fut d'abord prêtre avant la Révolution, prêta serment et se maria ensuite à Mlle Villard, dont il eut une fille Pauline Compin, qui épousa son cousin Ignace Marest, avocat, et petit-fils de Robert Marest, conseiller du roi et lieutenant particulier au balliage et chancellerie de Bourbon-Lancy. Les armes des Marest sont d'azur, coupées d'une barre d'or, ornées de trois trèfles.

Antoine Compin, qui était devenu avocat consultant de mérite, mourut à Dijon, où il s'était retiré.

2° Jean-Marie Compin, né le 10 octobre 1739, ayant hérité de la seigneurie de la Motte, en prit le titre après la mort de Jean-Louis Compin, son père.

Il fut avocat au Parlement, bailly de Montpéroux et de Folin, juge au baillage de Bourbon et à Chalon, et ensuite président du district de Bourbon, jusqu'à l'époque où il fut supprimé.

Il avait épousé, en premières noces, Jacqueline Curé de La Chaumelle, dont il eut un fils et deux filles.

De son second mariage, avec M⁣ˡˡᵉ Dunoirat, il n'eut pas d'enfant.

1° Jean-François Compin, son fils, né le 12 novembre 1767, fut aussi avocat au Parlement, et prit le titre de seigneur de la Motte.

Il avait épousé Pierrette-Françoise-Eléonore Marest de Lamartine, fille de M. Marest de Lamartine, ancien officier d'infanterie et chevalier de l'Ordre royal et militaire de St-Louis. Leur contrat de mariage fut passé à Bourbon-Lancy, le 13 mai 1786, devant Mᵉ Bijon, notaire royal.

Jean-François Compin de la Motte avait eu, de son union avec M⁣ˡˡᵉ Marest de Lamartine, un fils et deux filles.

André-François Compin de la Motte, né en 1787, épousa M⁣ˡˡᵉ Geneviève-Marie-Félicité Régneault, dont il eut une fille et un fils :

1° Marie-Félicité Compin, mariée à M. Léon Maire, dont elle a eu deux filles et un fils ;

2° *Félix Compin de la Motte* est mort en 1850, sans avoir contracté d'alliance.

Les deux filles de Jean-François Compin et de M⁣ᵐᵉ Marest de Lamartine étaient : Eléonore Compin, mariée à Pierre-Emiland Compin, son cousin, capitaine retraité, dont elle n'eut pas d'enfants ; et Fannie Compin, mariée à M. Guipou, ancien chef de bataillon retraité, dont elle n'a pas eu de progéniture.

2° Simonne Compin, fille de Jean-Marie, mourut jeune sans avoir contracté d'alliance ;

3° Marguerite Compin, sa seconde fille, née le 30 juin 1771, épousa, le 22 juillet 1788, Guy Loidereau, officier aux chasseurs du roi, fils de Guy Loidereau, conseiller du roi, et de dame Pierrette Lartot de Maligny.

Dans leur acte de mariage, dressé à Maltat, le 22 juillet 1788, figurent Jean-Marie Compin de la Motte, son père, Jean-François Compin de la Motte, son frère ; Lazare Compin de Varandeux ; Jean-Pierre Compin de Chizeuil, officier ; Antoine Compin et Simon, curé de La Chaumelle, leurs oncles.

La famille Loidereau existe encore à Arnay-le-Duc, et l'un de ses membres est maire de Chagny (Saône-et-Loire).

Jean-Marie Compin chercha longtemps à connaître l'origine de son ancienne famille, ainsi que nous l'avons déjà dit ; mais il se borne à dire, dans les quelques notes qu'il a laissées, qu'elle avait constamment joui de la considération générale et avait inspiré un sentiment d'intérêt à tous ceux qui l'avaient connue.

Il parle des malheurs qu'elle a éprouvés sans les préciser, et cite à ce sujet quelques paroles de son aïeule Marguerite Ducloux, âgée de 92 ans, nous nous empressons de les retracer ici.

« Votre famille, disait cette vénérable femme à ses petits » enfants, a éprouvé autrefois de grands malheurs ; mais elle » s'est toujours relevée, parce que vos pères ont constamment » joui de la considération attachée à l'honneur et qu'ils n'avaient » qu'une âme et qu'un cœur, lorsqu'il s'agissait de voler au » secours des uns et des autres. »

Jean-Marie Compin avait perdu sa première femme le 14 janvier 1786, et, après avoir fait démolir l'ancien château de la Motte, il fit bâtir une habitation plus moderne et se retira à Bourbon avec sa seconde femme, où il mourut en 1806.

3

3° Nicolas Compin, ancien militaire en retraite, est mort sans avoir contracté d'alliance.

4° Lazare Compin, dont nous suivrons la postérité ci-après.

5° Madeleine Compni, morte jeune.

6° Marguerite Compin, née en 1748, épousa François Maillard de Souvigny, le 9 août 1771, dont elle eut un fils et une fille.

Le fils fut aide-de-camp du général Richepense, blessé la veille de la bataille de Novi, il fut nommé colonel; mais il ne survécut pas à ses blessures, et sa pauvre mère recevait bientôt une lettre du général qui lui annonçait que l'armée perdait un brave, et elle un excellent fils.

La fille, Antoinette Maillard, épousa Claude-Hélène Saclier, dont elle eut un fils et une fille, François Saclier, le fils, a épousé Mme veuve de Laveau, née de la Chèze, et n'a pas de postérité.

7° Marie-Jeanne Compin épousa, le 28 avril 1774, François Lambert, dont elle eut trois fils et deux filles. L'une d'elle avait épousé M. Daubenton, neveu du *célèbre naturaliste*. La famille Lambert existe encore.

8° Françoise, morte jeune.

9° Jean-Pierre Compin de Chizeuil né à Grury le 16 octobre 1757, mort à Moulins, le 18 septembre 1839.

Après avoir servi dans la maison rouge du Roi, à Lunéville, il fut nommé officier au régiment d'artillerie provincial de Toul, épousa en 1781 Lazarette Boullier, fille de M. Boullier de la Beaume, dont la famille était une des plus anciennes du Nivernais.

Voici sa postérité :

Jean-Marie Compin, de Monthéry, né en 1782, épousa Mlle d'Andanne d'Anceville, fille de M. d'Andanne d'Anceville, ancien gouverneur des îles St-Pierre et Miquelon.

Il mourut, sans postérité, maire de la commune de Grury, le 6 mars 1810.

Guillaume Compin de Chizeuil, naquit à Cressy-sur-Somme le 14 octobre 1783, il fut avocat à Dijon, notaire royal à Grury, et remplaça son frère dans les fonctions de maire de cette commune. En 1815, il quitta la mairie à cause de ses opinions qu'on trouvait trop Napoléoniennes. En 1830, il fut réintégré dans cette place, et devint membre du conseil d'arrondissement, pour le canton d'Issy-Lévèque. En 1848, la république le révoqua, et en 1852, il fut renommé par l'Empire. Depuis cette dernière époque, il est maire de Grury, et exerce ces fonctions avec une aptitude et une énergie peu communes à un vieillard de 82 ans révolus depuis le 14 octobre 1864.

Guillaume Compin épousa, en 1809, Mlle Duchassin, de Bourbon-Lancy, elle lui apporta une belle fortune, qui, jointe à la sienne, s'est beaucoup accrue. Il eut de cette union deux filles et deux fils.

Zénaïde Compin, née le 5 avril 1812, et mariée à M. Perrin, ancien notaire, maire actuel de Lusy (Nièvre), et chevalier de la Légion-d'honneur.

Ils ont une fille et un fils, Laure Perrin, mariée à M. Dupuis, receveur des domaines, et Albert Perrin, qui a épousé en 1864, Mlle Gros, de Decize.

Anna Compin, née en 1813, avait épousé M. d'*Amfreville de Montigny*. Il sont décédés l'un et l'autre et ont laissé deux fils :

Olivier d'Amfreville, substitut du procureur impérial à Cahors, en 1865, et Roger d'Amfreville encore au collége.

Alphonse Compin, né le 9 octobre 1814, à Grury, est docteur-médecin à Charolles (Saône-et-Loire), où il exerce les fonctions de médecin cantonal, médecin en chef de l'hospice et inspecteur des pharmacies de l'arrondissement. Il avait épousé Mlle Cécile Goin, fille de M. Goin, ancien notaire, ancien conseiller d'arrondissement, et aujourd'hui maire de Charolles et membre du conseil général du département de Saône-et-Loire.

Il a eu un fils et une fille de cette union, brisée, hélas ! au mois de décembre 1864, par la mort de Mme Cécile Compin, qui fut généralement regrettée.

Antoine Compin, étudiant en médecine.

Louise Compin, âgée de 8 ans.

Antoine Compin, second fils de Guillaume, naquit en 1845. Reçu fort jeune docteur en droit à l'Université de Paris, il donnait les plus belles espérances comme jurisconsulte et homme de lettres, lorsque la mort vint l'enlever à sa famille et à ses nombreux amis.

BRANCHE DE LAZARE COMPIN DE VARANDEUX, QUATRIÈME FILS DE

JEAN-LOUIS COMPIN, SEIGNEUR DE LAMOTTE.

Lazare Compin naquit le 17 février 1745, et mourut le 23 mars 1818, à l'âge de 73 ans.

Il avait épousé en 1769 Philiberte Morizot, fille de M. Morizot, docteur-médecin à Toulon-sur-Arroux, dont il eut huit enfants, mais il n'en conserva que six, trois fils et trois filles.

1° Jean-Pierre Compin, né le 17 juin 1770;

2° Anne-Marie Compin, née le 17 juin 1770;

3° Pierre-Emiland Compin, né le 6 novembre 1772;

4° Jeanne-Marie Compin, née en 1773;

5° Jean-Claude Compin, né le 10 janvier 1774;

6° Marie-Louise Compin, née en 1777.

Anne-Marie Compin, qui était jumelle avec Jean-Pierre Compin, épousa M. Guillemin, d'Armecy, dont elle eut des enfants.

Jeanne-Marie épousa M. de Montchanin, d'Issy-Lévêque; elle eut deux enfants, dont la postérité existe encore.

Marie-Louise Compin fût mariée le 3 pluviôse, an III, à M. Jean-Baptiste Blochet, de St-Denis, juge de paix de Perrigny, dont des enfants.

1° Jean-Pierre Compin, né en 1770, était docteur en médecine et officier d'infanterie. Il épousa en 1799 Mlle Thevenet, petite fille de M. Boullier de la Beaume, et habita longtemps la commune de St-Seine, dont il fut maire jusqu'en 1834, époque à laquelle il partagea ses biens entre ses enfants. Il mourut en 1839 généralement regretté de ses concitoyens, auxquels il avait toujours consacré ses connaissances médicales, sans jamais exiger aucune rétribution.

Il eut de son mariage avec Mlle Thevenet, morte avant lui :

1° *Lazare-Aimé Compin*, né le 16 messidor, an VIII (1800), épousa Mlle Eugénie Bernachez, en 1831, dont il a eu un fils et une fille.

Edmond Compin, né le 12 octobre 1832, épousa en 1862 Mlle Clémence Renaume; il a une fille, Marie Compin.

Anna-Philiberte Compin, née le 12 janvier 1834, a épousé M. Jean-Baptiste Caquet, dont un fils, François Caquet.

2° Philiberte Compin, née en 1802, mariée à M. Amable-Auguste Lavaivre de Rigny, ancien garde du corps du roi, dont elle eut un fils et une fille.

Léon Lavaivre de Rigny est marié à Mlle Mathilde Guillemin. Ils ont une fille, Jeanne Lavaivre de Rigny.

Clémence Lavaivre de Rigny, mariée en 1849.

2° Pierre-Emiland Compin naquit en 1772 et mourut en 1839.

Il se destinait à l'état ecclésiastique, lorsqu'il fut forcé de partir pour l'armée, en 1792; il fit toutes les guerres, depuis cette époque jusqu'en 1812, où il fut obligé de prendre sa retraite.

En 1814, ayant été nommé commandant des Gardes nationales de l'arrondissement de Charolles, il fit encore une campagne qui ne fut pas de longue durée.

Lorsqu'il prit sa retraite, il était capitaine de Grenadiers et chevalier de la Légion-d'Honneur. C'était peu pour avoir fait tant de guerres et couru autant de dangers; mais il était l'ennemi de l'intrigue et sa modestie, peut-être outrée, le faisait se mettre toujours au second rang, quand il s'agissait de demander une faveur ou d'appuyer son droit.

Nous n'avons besoin d'en citer qu'une seule preuve, entre beaucoup d'autres.

Au siége de Ratisbonne, son régiment, commandé par le colonel Coutard, fut obligé de capituler; mais l'Empereur Napoléon 1er le délivra presqu'aussitôt en reprenant cette ville.

En passant en revue ce régiment, il exprima son mécontentement et interpella vivement le colonel en lui demandant ce qu'il avait fait de ses aigles; mais ce dernier les lui ayant présentées, il recouvra la faveur du maître, sans avoir le courage d'avouer qu'elles avaient été sauvées par la présence d'esprit du capitaine Compin, qui les lui avait remises.

Les victoires et conquêtes ont fait un grand mérite de cette action au colonel, et ce n'est qu'en lisant ce passage, que le brave capitaine Compin ne put s'empêcher de revendiquer cette action à laquelle il n'avait jamais attaché d'autre importance que celle d'un devoir rempli. Ses amis qui n'auraient peut-être jamais eu connaissance de ce fait, sans cette circonstance, lui conseillèrent de réclamer; mais il n'en fit rien.

La loyauté du capitaine Compin nous était trop connue pour révoquer en doute cette assertion faite avec l'accent de la vérité et de l'indignation; mais ce qui nous a surpris le plus, c'est que nous avons été à même d'entendre, de la bouche même du colonel, devenu général, le plus grand éloge du capitaine Compin, tout en regrettant qu'il se soit retiré trop tôt du service.

Le capitaine Compin, après la mort de son père, habita la propriété qui lui était échue en partage, et épousa Mlle Eléonore Compin de la Motte, sa cousine, dont il n'eut pas d'enfant.

3° Jean-Claude Compin, troisième fils de Lazare, né le 10 janvier 1774, partit pour l'armée comme ses frères; mais il obtint, par l'entremise du représentant Beaudot, ami de son frère aîné, la faveur d'entrer officier dans les vivres et fourrages.

Lorsqu'il rentra dans sa famille, il épousa, en 1803, Mlle Jeanne-Gabrielle-Suzanne Pain, fille de M. Pierre Pain, négociant à Bourbon-Lancy, et de dame Marie-Anne Goutenoir.

Après son mariage, il habita la propriété de Varandeux, qui était un ancien fief, et lui avait été cédé par son père.

Il fut maire de la commune de Maltat jusqu'en 1830, cessa ces fonctions de cette époque à 1841 et les reprit jusqu'à sa mort, arrivée le 11 juin 1849, emportant les regrets de ses administrés et de tous ceux qui l'avaient connu.

C'est à lui que le pays est redevable de l'amélioration de la race chevaline dans cette contrée de la France, depuis 1818, époque à laquelle il obtint une station d'étalons du Gouvernement chez; lui il s'en occupa exclusivement et prêcha d'exemple.

Il eut de son mariage, avec Mlle Pain, un fils unique, Lazare Compin, né à Bourbon-Lancy, le 24 août 1804.

Il fut nommé maire de la ville de Bourbon-Lancy en 1841, révoqué en 1848 et renommé en 1850, puis il donna sa démission le 23 juin 1856.

Lazare Compin fut nommé chevalier de l'Ordre de la Légion-d'Honneur, à la suite des inondations de la Loire en 1846.

Il avait épousé, le 26 décembre 1826, Marie-Françoise-Diane Delosme, fille unique de M. Claude Delosme et de madame Antoinette Fillion.

Il naquit de ce mariage :

Marie-Françoise-Camille Compin, née le 15 mars 1828, mariée le 5 août 1845, à M. Charles Delan, avocat à Moulins, fils de M. Delan, docteur médecin, et de dame de Laplanche.

Jeanne-Marie-Gabrielle-Suzanne-Emma Compin, née le 19 septembre 1829, et mariée le 15 juin 1849, à M. Brice Lavie, fils de M. Lavie, ancien conseiller à la Cour de Lyon, et de dame Cozon, fille du dernier consul de Sardaigne à Lyon.

Ils sont morts l'un et l'autre en 1857, laissant quatre orphelins, deux fils et deux filles.

Antoinette-Anaïs Compin, née le 14 septembre 1830, mariée le 15 août 1849, à M. Emile Nichault, son cousin, fils de M. Antoine Nichault, avocat, ancien juge de paix de Bourbon-Lancy, et d'Antoinette Compin.

Emile Nichault est, aujourd'hui 1865, maire de Cressy-sur-Somme, et membre du Conseil d'arrondissement.

Lazare-Martin-François-Marie-Marcel Compin, né à Bourbon, le 18 décembre 1840, étudiant à Paris.

AUTRE BRANCHE DE LA FAMILLE COMPAIN, RÉSIDANT ACTUELLEMENT

EN BOURGOGNE.

Nous trouvons, ainsi que l'indiquent les notes 2 et 3, une branche de l'ancienne famille Compain, vivant en Nivernais et à Avallon, en 1412 et 1446, qui a dû laisser une souche et n'a pas eu d'historiens, car la généalogie de l'Orléanais n'en fait point mention.

Puisque nous sommes obligés d'agir par inductions, ne serait-on pas fondé à croire que cette branche, dont personne n'a parlé, si ce n'est Villeviel, sortait aussi de l'Orléanais.

En effet, Raoul Compaing, vivant en 1305, avait eu trois fils. Jean dont la descendance a été scrupuleusement suivie; *Pierre* et *Henry*, dont il n'est plus question dans l'Orléanais.

Jean Compaing était écuyer seigneur de Frasnay et Montigny en Nivernais, en 1412, ne serait-il pas l'auteur d'une branche qui se serait éteinte sur Françoise Compain, épouse de Charles de Longueville. (*Voir la note* 10).

Jean Compain de Chastelier, était procureur de M. de Beauvoir, à Avallon, en 1446. Descendait-il du premier? nous ne saurions le dire; mais à coup sûr, il doit être l'auteur de la branche qui a habité et habite encore la Bourgogne, dont l'un des membres, Etienne Compain, était prudhomme pour Sombernon, Châteauneuf, Grugey, etc., en l'année 1663. (*Voir la note* 10).

Quoi qu'il en soit, il existe encore une famille Compain en Bourgogne, dont M. le Curé de St-Pierre, à Chalon-sur-Saône, est un des dignes représentants, et nous sommes convaincus qu'elle tire son origine de l'Orléanais, et descend de Jean Compain, vivant à Avallon, en 1446.

D'après ce que nous écrivait M. le Curé Compain, sa famille habite Viécourt, petit Bourg dépendant de St-Gervay, près Nolay, depuis plus de deux cents ans, c'est une preuve incontestable qu'elle descend d'Etienne Compain, qui vivait en 1633.

D'ailleurs voici les renseignements qui nous ont été communiqués par M. Compain, chanoine honoraire et curé archiprêtre de Saint-Pierre de Chalon-sur-Saône.

D'après une tradition ancienne et constante conservée dans sa famille, M. le Curé affirme que dans le cours du XVᵉ siècle, un membre de la famille Compain, après avoir quitté Orléans, vint se fixer en Bourgogne à Viécourt, hameau de la paroisse Saint-Gervais-sur-Couches, près Nolay.

Des revers de fortune, occasionnés en grande partie par les guerres de religion, avaient été la cause de son départ, et peu soucieux dans sa nouvelle résidence de son ancienne noblesse, il acheta un domaine et se livra tout entier aux travaux de l'agriculture. Il laissa à ses enfants des principes d'honneur, de fidélité à Dieu, de dévouement au roi; ce précieux héritage, gardé avec soin, se retrouve encore aujourd'hui dans les membres de sa famille qui habitent Viécourt et les pays environnants.

Au commencement du XVIIIᵉ siècle, Claude Compain, grand-père de M. le Curé de Saint-Pierre, quitta Viécourt et vint avec son frère s'établir à Puligny (Côte-d'Or). Marié avec Étiennette Cas, il eut deux fils, Claude Compain et Pierre Compain; le premier naquit le 20 mai 1757.

Les premières années de la jeunesse de Claude Compain se passèrent dans les travaux des champs ; puis se sentant du goût pour la vie religieuse il entra à Beaune, dans une communauté religieuse ; il fit ses études, et se disposait à recevoir les ordres sacrés, lorsque la révolution éclata.

Il épousa en 1791 sa cousine issue de germain, Mlle Marie-Marguerite Clerc, et vint se fixer à Châtillon-sur-Seine pour y remplir les fonctions de percepteur.

En 1793 il fut arrêté comme suspect ; on lui avait écrit une lettre pour qu'il voulût bien s'intéresser à un ecclésiastique son parent . conduit et incarcéré à Dijon, il y resta 11 mois, jusqu'à la chute de Robespierre qui vint lui rendre sa liberté.

En 1800, il quitta Châtillon-sur-Seine pour habiter le Châlonnais, et après une vie traversée par mille épreuves, sans avoir jamais transigé avec ses principes religieux et politiques, il est mort dans la paix du Seigneur en 1826, à l'âge de 69 ans

Il avait eu de son mariage trois enfants : les deux aînés sont morts et le troisième qui vit encore, Adélard-Marie Compain, est actuellement curé archiprêtre à Chalon-sur-Saône.

Pierre Compain, frère cadet du père de M. le Curé, est mort à Puligny en 1810, laissant trois enfants : un garçon et deux filles ; ils sont établis dans cette même commune où ils sont propriétaires cultivateurs et occupent une position honorable parmi leurs concitoyens.

Résumé de la Généalogie de la famille Compaing,

Compain ou Compin.

Raoul Compaing, bourgeois, d'Orléans, 1305.
Jean Compaing, de 1317 à 1368.
Pierre et Henry Compaing. (*Voir les notes 2 et 3*).
Jean Compaing le Jeune, prévôt d'Orléans en 1386, marié en 1370.

Henry Compaing, seigneur de Barberonville, mort en 1419.

Guillaume Compain, anobli par le roi Charles VII, en 1429.

Marié à Catherine Boislevé,   Marié à Perrette de Bourges,

1res noces :   2mes noces :

Jean Compain, seigneur de Villette, dont la postérité mâle s'est éteinte à Nicolas Compain, en 1474 ou 1488.   Pierre Compain, avocat à Paris, dont la postérité se suit de 1562, 1603, 1608, 1700, 1727, 1740, jusqu'en 1865.

La postérité de Pierre Compain, avocat à Paris, devint la branche aînée en 1574 ou 1588, par l'extinction mâle de l'aîné.

Jean Compain, son fils, eut quatre fils :

1° Antoine ; 2° Gabriel ; 3° Claude ; 4° Martin.

La postérité de Gabriel Compain peut se suivre jusqu'en 1740, et paraît finir à Antoine Compain, baron de Lurcy. Celle de Claude ne lui donna qu'une fille, mariée à M. de Gives. Celle de Martin va jusqu'en 1684.

Il ne reste donc plus que celle d'Antoine.

Antoine Compain, vivant encore à Loches en 1610, s'était marié à Louise Guérin, et prenait le titre d'écuyer et seigneur Duplessis-Huret.

Il eut trois fils : Claude, Thibault et Pierre Compain. Les deux premiers étant morts sans postérité il ne restait plus que Pierre Compain qui fut habiter Grury (ancienne Bourgogne), où il créa une nouvelle branche, dont nous donnons la généalogie ci-après.

Pierre Compain épousa Jeanne Gain, dont il eut plusieurs enfants, et l'aîné fut inscrit sur les registres de la paroisse de Grury, le 17 octobre 1608, sous le nom de *Jean Compin*.

Jean Compin épousa en 1638 Madeleine Gillet, dont il eut plusieurs enfants.

Jean Compin l'aîné, épousa Jeanne Barbier. Il en eut plusieurs enfants, dont l'aîné était Philippe Compin.

Philippe Compin, né en 1683, épousa Marguerite Ducloux, son fils aîné n'ayant pas laissé d'enfants mâles, ce fût le second, Jean-Louis Compin, qui devint l'aîné de la famille.

Jean-Louis Compin, seigneur de Lamotte, avait épousé Françoise Febvre, dont il eut :

1° Philippe Compin, sans postérité mâle ;

2° Jean-Marie Compin de Lamotte, dont la postérité mâle a fini en 1850, dans la personne de Félix Compin, qui ne s'était point marié ;

3° Nicolas Compin, mort sans avoir contracté d'alliance ;

4° Lazare Compin de Varandeux, dont la postérité mâle existe encore ;

5° Jean-Pierre Compin, dont la postérité mâle s'est perpétuée.

Lazare Compain de Varendeux a eu trois fils de son mariage avec Dᶦˡᵉ Morizot, dont Jean-Pierre, l'aîné, et Jean-Claude, le troisième, ont seul donné des rejetons.

Voici leur postérité :

Jean-Pierre Compin a eu de son mariage avec Mˡˡᵉ Thevenet un fils et une fille.

I.

1° Lazare-Aimé Compin, marié avec Mˡˡᵉ Eugénie Bernachez, dont un fils et une fille.

I.

Edmond Compin, marié en 1862 à Mˡˡᵉ Clémence Renaume, de St-Mandé, une fille, Marie Compin.

I.

Anna Compain, mariée à Jean-Baptiste Caquet, de Fontaines, un fils.

II.

2° Philiberte Compain, mariée à M. Lavaivre de Rigny, ancien garde du corps, un fils, Léon Lavaivre de Rigny et une fille, Clémence Lavaivre de Rigny.

Jean-Claude Compin, marié à Mˡˡᵉ Jeanne-Gabrielle-Suzanne Pain, a eu un fils unique.

I.

Lazare Compin, marié à Mˡˡᵉ Marie-Françoise-Diane Delosme, trois filles et un fils.

I.

Camille Compin, mariée à Charles Delan, avocat.

I.

Emma Compain, mariée à Brice Lavie.

I.

Anaïs Compin, mariée à Émile Nichault.

I.

Marcel Compin, étudiant.

POSTÉRITÉ DE JEAN-PIERRE COMPIN DE CHIZEUIL ET DE

Mlle BOULLIER DE LA BEAUME.

Jean-Marie Compin, mort sans postérité.

Guillaume Compin de Chizeuil, avocat, mariée à D^{lle} Duchassin.

Zénaïde Perrin a deux enfants; Anna d'Amfreville deux fils; Aphonse Compin, un fils, Antoine Compin, et une fille, Louise Compin. Antoine Compin, avocat, second fils de Guillaume, est mort sans avoir été marié.

Aujourd'hui, la famille Compin compte encore trois branches distinctes, savoir : 1º celle de Jean-Louis Compin, seigneur de la Motte, représentées, en première ligne, par Lazare-Aimé Compin, ayant un fils, Edmond Compin, et par Lazare Compin, ayant aussi un fils, Lazare-Martin-François-Marie-Marcel Compin.

En seconde ligne, par Guillaume Compin, avocat, âgé de 82 ans, son fils Alphonse Compin, et son petit-fils Antoine Compin.

La 2ᵉ branche, descendant d'Antoine Compin, époux de Mlle de Monchanin, et quatrième fils de Philippe et de Marguerite Ducloux, est représentée :

En première ligne, par Gustave Compin, lieutenant au 70ᵉ régiment de ligne, et Ernest Compin, retiré du service.

En seconde ligne, par Amédée Compin et Frédéric Compin, son frère.

L'ancienne famille Compain a compté, de 1445 à 1489, trois conseillers au Parlement de Paris :

Gérard Compain, nommé le 10 mai 1454.

Guillaume Compain, nommé le 21 août 1475.

Guillaume Compain, nommé le 17 août 1489.

En 1386, Jean Compain, le jeune, était prévôt de la ville d'Orléans, et de 1417 à 1562, elle a fourni treize échevins à cette ville.

Il est à remarquer que, c'est cette même année 1562, la ville d'Orléans fut prise par le prince de Condé, et que Jean Compain vint se réfugier à Loches pour éviter la persécution.

Jean Compain, seigneur de Villette, avait été nommé député aux *États de Tours en* 1484, et son petit-fils Nicolas Compain, fut nommé conseiller au grand Conseil, le 18 juin 1544, honoraire le 7 mai 1566, et chancelier de Navarre le 15 novembre 1572.

Louis de Compain était conseiller, notaire du roi et secrétaire de ses finances en 1603, et ses trois fils Louis de Compain l'aîné, Louis Compain de Letang et Antoine Compain, furent les deux premiers conseillers du roi, en 1665 et 1670, et le troisième, maître des requêtes au grand Conseil en 1661 ; un de leurs descendants, Antoine Compain, était baron de Lurcy, en 1727.

Cette branche descendait de Gabriel Compain, arrière petit-fils de Guillaume Compain, anobli, et de Perrette de Bourges, sa seconde femme.

La branche d'Antoine Compain, écuyer seigneur Duplessis Huret, frère aîné de Gabriel Compain, représentée par Pierre Compain, qui vint habiter Valency, paroisse de Grury, ne suivit pas une carrière aussi brillante que celle de son cousin, Louis de Compain.

Elle fut plus modeste, sans doute, ou ne se trouva point en position de rechercher les honneurs, et ce fut peut-être à cause du changement d'orthographe de son nom, qu'elle resta toujours dans son pays d'adoption et ne s'occupa que d'agriculture.

Aussi ne compte-t-elle, dans ses descendants, que des avocats, des juges, des ministres de la religion, quelques militaires et beaucoup de magistrats exerçant des fonctions gratuites.

Deux membres de cette famille ont été nommés chevaliers de la Légion-d'Honneur.

NOTES DIVERSES.

—◦◦◦—

Voici maintenant les quelques notes recueillies dans divers ouvrages imprimés et manuscrits sur la famille Compain, en dehors de l'ancienne généalogie, existant à la Bibliothèque de Paris.

Note 1re.

On trouve dans Villeviell intitulé trésors généalogiques déposés à la bibliothèque impériale de Paris, volume 30 folio 50.

Jean de d'Ampierre seigneur de St-Dizier et de Vignory, donna à Jean Compaing (*le compagnon*) et à Méline sa femme le droit d'acquérir de ses hommes et femmes de Chamilly tels héritages qu'ils jugeraient à propos, à la charge d'en payer le cens, et ce, en récompense de services rendus tant à lui qu'à feu son père au mois de février 1317.

Note 2.

Dans le même volume et à la même page il est écrit :

Jean Compain de Frasnay, écuyer, noble homme, seigneur de Montigny et Guyotte sa femme, fille de Jean de Guyotte et de feu Aglantine de la Tournelle sa femme, firent accord avec noble homme Philibert de Verrue seigneur de Fourcheraine le 13 octobre 1412. (*Archives de M. de la Ferté maison et terres de Nivernais*).

Note 3.

Jean Compain de Chastelier, procureur de M. de Beauvois Vicomte d'Avallon seigneur de Chastelu et Mont St-Jean.

De concert avec Marie de Savoisy sa femme, firent accord avec Philippe de Savoisy, seigneur de Salnay, et Mme Isabeau de Savoisy, dame de Condieux, frère et sœur de la dite dame Marie de Savoisy, petits enfants de noble seigneur de Rodemarch et de dame Mahault de Grancey, père et mère de dame Yolande de Rodemarch leur mère et de Charles de

Savoisy, leur père, en l'année 1446. (*Bibliothèque du Roi, manuscrit des familles du Nivernais*).

Note 4.

Dictionnaire de la Noblesse, par Lachesnay des Bois, volume 5, page 83.

Guillaume Compain écuyer seigneur de Fresnay, fut anobli par lettres du Roi Charles VII données à *Jargeau au mois de février* 1429, en considération des services rendus à la couronne de France, durant le siège d'Orléans par les anglais.

Gérard Compain conseiller au Parlement en 1454 et au grand conseil le 14 septembre 1485; il mourut en 1492.

Nicolas Compain seigneur de Fresnay et Villette reçu conseiller au grand conseil le 18 juin 1544 fut nommé honoraire le 7 mai 1566 et chancelier de Navarre le 15 novembre 1572, il mourut en 1574.

Il avait épousé Anne Courtin, fille de Louis Courtin seigneur de Grange Rouge et de Guillemette de St-Mesmin, dont un fils mort sans postérité et deux filles Catherine Compain, femme de Viard, seigneur de Vollay, président au grand conseil et Marie Compain femme de René Leclerc seigneur de Juigné dont des enfants.

Catherine Boilesve, femme de Guillaume Compain, avait été anobli ainsi que sa postérité mâle et femelle, par les mêmes lettres données à Jargeau par Charles VII ; mais le privilége a été révoqué par les déclarations **1635** et **1639**.

Leurs armes sont d'azur à un massacre de cerf d'or accompagné d'une fleur de lys du même.

Blanchard et André de Laroque les décrivent aussi de cette manière. (*Voir les ouvrages à la bibliothèque impériale*).

Note 5.

Histoire des antiquités, des nobles illustrations et des anciennes familles d'Orléans par François Lemaire page 104.

La maison des Compain est très ancienne dans l'Orléanais puisqu'en 1413, ils ont été admis à la récepte et à l'échevinage d'Orléans et que Guillaume Compain, pour son courage hardy et martial et services notables qu'il rendit, pour la défense d'Orléans contre les Anglais qui l'assiégeaient ; le roi Charles VII, étant à Jargeau en février 1429, l'aurait anobli et toute sa postérité de l'un et l'autre sexe née et à naître.

On trouve encore page 12, Jean Compain Prévot d'Orléans en l'année 1386

Note 6.

Paillot vol. XII page 6.

Par noble Jean Péto doyen de St-Thomas du Louvre à Paris, conseiller du roi au parlement de Dijon, à noble Compain conseiller notaire du roi maison et couronne de France, pour prendre possession à son nom du dit doyenné donné à Ferme le 18 novembre 1583.

Le prénom manquant, nous ne savons quel est ce membre de la famille, mais nous supposons que ce pourrait être Claude Compain marié en 1573 et dont il est parlé aux archives de Dijon en 1609. (*Voir les notes* 10).

Note 7.

Nobiliaire d'Orléans tome 1er page 230.

Esme de Compain seigneur Després produisit sa généalogie depuis Guillaume Compain, écuyer, marié à Marie Roland en 1484 et demanda à prouver ses titres de noblesse depuis cette époque.

Cette demande fut faite le 5 janvier 1703 à M. de Bouville intendant d'Orléans et conseiller d'état; elle fut accordée le 20 du même mois et de la même année. En conséquence Esme de Compain seigneur Després fut admis à jouir, pour lui et ses descendants nés et à naître de légitime mariage, des priviléges attachés à la noblesse.

Cette note concerne les branches du Berry.

Note 8.

Armorial de France par d'Hozier folio 1503 16 juillet 1700.

Les armes de Gabriel Compain, commissaire du roi au présidial de Tours, *sont d'azur à une tête de léopard arrachée d'or, soutenue d'un massacre de cerf du même.*

Ce Gabriel Compain devrait descendre du second fils de Gabriel Compain et de Marie Dubois, qui avait épousé Charlotte Rose, et vivait à Tours en 1684.

Note 9.

Dans le même armorial pour Lyon tome 17 f° 74, année 1700, on trouve Gaspard Compain avocat, dont les armes portent *d'azur à un massacre de cerf d'or et un chef cousu de gueules chargé de trois molettes d'argent.*

Ces armoiries sont reproduites f° 420, pour son frère cadet.

Il n'est pas douteux que cette branche soit la suite de Louis de Compain vivant en 1603 et que celui qui prit en 1727 le titre de baron de Lurcy descendait également de cette branche.

Note 10.

Copie de diverses notes trouvées dans les archives de Dijon, adressées par M. ROSSIGNOL, archiviste du département de la Côte-d'Or, le 18 juillet 1846.

Dans un dossier relatif à une même affaire, qui remonte à 1603 le nom Compin est écrit de trois manières, 1° *Compaing* 2° *de Compaing* 3° *de Compain,* ce qui prouve, que si les noms varient dans une seule et même affaire, d'autres scribes ont pu être plus brefs et l'ont écrit *Compin ;* c'est une de ces modifications qu'on peut journellement constater.

Voici le passage d'un acte de vente fait le 6 mars 1603, par M. d'Aumale à noble Loys Compaing avec toute justice haute et basse, d'un bois situé dans le voisinage d'Auxerre aliéné en 1558 par la couronne, dans cet acte il est dit, que Loys de Compaing, était conseiller notaire secrétaire du roi maison et couronne de France et secrétaire de ses finances, demeurant à Paris rue St-Victor paroisse de *St-Nicolas de Chardonnet.*

En 1609 il s'agit encore de cette affaire ; mais au lieu de Loys de Compaing, les registres de la cour des comptes donnent Claude de Compain, est-ce une faute où Claude était-il héritier de Loys ? Quoiqu'il en soit, Henri IV dont il était aussi conseiller, l'appelait *son ami et féal.*

En 1633 on trouve un Étienne Compain prud'homme pour Chateau Neuf, Sombernon Grugey, Chassilly etc. Ce dernier semble se rattacher difficilement aux premiers.

Le XVIIIe siècle fournit encore quelques éléments.

Le 2 mai 1727 noble Antoine Compaing seigneur et baron de Lurcy Dombes sur les bords de la Saône, conseiller du roi elu en élection de Lyon avocat au parlement.

Tête découverte à genoux sans épée ni gants en présence de la cour, fit acte de foi et hommage à son altesse sérénissime, de la servir envers et contre tous en loyal et fidèle vassal.

Il avait une fille Anne Barbe Compaing.

On trouve aussi un Louis Compaing qui avait épousé

dame Marianne Grey, veuve d'un conseiller au parlement, son mari mourut en 1740.

Antoine s'appelait-il aussi Louis? On ne saurait le dire, quoiqu'il en soit le premier qui fut baron de Lurcy, se rattache évidemment à la famille, car ayant signé l'acte de foi et hommage il apposa son sceau près de sa signature qui porte à l'écusson un massacre de cerf semblable à celui qui se trouve dans le cachet de la famille Compin de Grury ; mais modifié sans doute par son mariage et surmonté d'une couronne de baron.

On trouve encore en l'année 1649 Françoise Compain veuve de Charles de Longueville, qui vendit la seigneurie de Crains à François-Antoine de Rivaud seigneur de Ris et Maison-Neuve demeurant à Clamecy (Nièvre).

(Cette dernière devait sortir sans doute de la branche qui s'était fixée dans le Nivernais).

Note 11.

Pièces trouvées dans le dossier de la famille Compain déposée à la bibliothèque

Suivant ordonnance rendue le 10 juin 1701 par MM. les commissaires généraux du conseil députés sur le fait des armoiries.

Celle de Louis Compain, seigneur de la Chanée telles quelles sont ainsi portées et figurées après avoir été reconnues, ont été enregistrées à l'armorial de France, cotées comté de la Rochelle.

En conséquence des droits réglés par les tarifs et arrêts du 29 novembre 1696.

En foi de quoi le présent brevet, a été délivré à Paris par nous Charles d'Hozier conseiller du roi et garde de l'armorial de France.

Ces armes placées en tête du brevet, portent d'azur à un massacre de cerf d'or, surmonté d'une petite croix du même et d'une fleur de lys en argent.

Note 12.

Le 14 mai 1846, le collège héraldique donna la note suivante à un des membres de la famille Compin, qui lui avait envoyé un dessin des armoiries trouvées dans cette famille.

Ces armoiries, disait-il, sont celles de Guillaume Compaing anobli par le roi Charles VII en 1429. Ce renseignement était fort exact, ainsi que nous l'avons démontré.

Note 13.

La propriété seigneuriale de Lamotte a été achetée par Jean-Louis Compin le 31 décembre 1753, suivant acte reçu par Me Amyet, notaire royal. Depuis cette époque ses descendants de la branche aînée ont ajouté à leur nom celui de Lamotte, jusqu'en 1850, comme lui-même l'avait porté avant sa mort arrivée le 20 juin 1763.

Note 14.

André de Laroque, page 249, chapitre XLVII.

Quelques habitants d'Orléans, du nom de Compain, ayant connu les prétentions des parents collatéraux de la Pucelle d'Orléans, s'efforcèrent sur cet exemple, d'étendre leur noblesse aux descendants de leurs filles ; parce que les clauses de leur charte avaient beaucoup de rapport avec celles de a Pucelle, étant même de pareille date.

Mais cette prérogative de noblesse féminine, ne leur réussit pas si bien qu'aux parents de la Pucelle, et le privilége auquel ils prétendaient, fut révoqué par le roi Louis XIII par ses déclarations de 1635 et 1639.

Ce fut le roi Charles VII, qui donna origine à la noblesse des Compain, en considération des services qu'avait rendus à la couronne de France Guillaume Compain, durant le siége d'Orléans par les anglais.

La charte fut donnée à Jargeau en février 1429 et est conçue en ces termes.

« Volentes autem propter hoc favorum prœrogativis pro-
» sequi quæ sibi postéritati, quæ suæ perpetuo cedere
» valeant ad honores ; incitamentum ipsumque Guillermum
» Compain, ac omnem ipsius posteritatem prolem, utrius que
» sexus, in et de matrimonio et matrimoniis legitime,
» natam seu procreatam et in posterùm procreandam de
» plenitudine regiæ postestatis et de gratiâ speciali nobilitamus
» nobilis que facimus.

» Eisdem præterea concedentes ut tam ipse quam ejus
» predicta posteritas integræ nobilitatis, privilegio, juribus
« priviligiis, franchisiis et libertatibus in actibus. Judiciariis,
» secularibus et cæteris quibus cumque liberé in anteà per-
» fruantur et ab omnibus tanquam nobilitis re et nomine
» ubilibet habeantur.

Communiqué par M. de Gyvès, avocat du roi au présidial d'Orléans, dont un des parents, M. de Gyvès, conseiller au présidial d'Orléans, avait épousé Marguerite Compain, fille de Claude Compain et de Claude Voisin, marié en 1573.

(*La famille de Gyvès existe encore à Orléans et est représentée par M. Albert de Gyvès de Creuzy.*)

Nous avons émis une opinion contraire sur l'origine de la noblesse des Compain et nous le prouvons d'après la note 2 qui nous a été fournie par Villeviell. En effet Jean Compain était écuyer seigneur de Frasnay et Montigny en 1412, ce qui prouve que la récompense accordée à Guillaume Compain par le roi Charles VII lui était personnelle et que la fleur de lys a été ajoutée seulement aux armes de la famille, en témoignage de la Concession royale.

Note 15.

Abrégé des principes héraldiques ou véritable art du Blason, par le père C. François Ménestrier, de la Compagnie de Jésus, imprimé en l'année 1681, page 94.

Compain à Orléans d'azur, au rencontre de cerf d'or, et une fleur de lys du même, en chef.

Spécimen, page 88 à 89.

Note 16.

On trouve à la bibliothèque, un acte passé entre noble, Antoine Compain, conseiller du roi, élu en l'élection, le 24 septembre 1713, et les sieurs Bergier et Jordan. Cet acte concerne évidemment Antoine Compain, baron de Lurcy, Dombes, etc.

Note 17.

La généalogie, déposée à la bibliothèque impériale est transcrite par trois écrivains différents, et sans doute à diverses époques.

Les armes sont placées en tête sur deux exemplaires seulement; mais elles présentent une légère différence à l'écusson. L'une donne un mufle de Lion et l'autre un mufle de Léopard, sans qu'elles diffèrent en rien dans leurs renseignements.

Cependant nous avons adopté le n° 10 du dossier et les n°s 11 et 12 qui en sont la suite, comme formant un ensemble plus complet et plus facile à vérifier.

Note 18.

Jean Compain, seigneur de Fresnay et Villette, avait

épousé, en 1522, Marie Brachet, et Jean Compain, fils de Pierre Compain, avocat à Paris, avait épousé aussi Marie Brachet. Est-ce une erreur de la généalogie ancienne? nous ne le croyons pas, parce que d'après François Lemaire, auteur de l'Histoire des Antiquités et des anciennes familles de l'Orléanais, la famille Brachet était fort nombreuse dans ce pays et formait beaucoup de branches diverses.

CHALON-SUR-SAÔNE, IMPRIMERIE MONTALAN.

www.ingramcontent.com/pod-product-compliance
Lightning Source LLC
Chambersburg PA
CBHW072018290326

41934CB00009BA/2122